I0158970

Todos los libros de Linkgua Ediciones cuentan con modelos de Inteligencia Artificial entrenados por hispanistas. Pregúntale al chat de tu libro lo que desees acerca de la obra o su autor/a.

Para ebooks: Accede a nuestro modelo de IA a través de este enlace.

Para libros impresos: Escanea el código QR de la portada con tu dispositivo móvil.

Obtén análisis detallados de nuestros libros, resúmenes, respuestas a tus preguntas y accede a nuestras ediciones críticas generativas para una experiencia de lectura más enriquecedora.
La transparencia y el respeto hacia la autoría de las fuentes utilizadas son distintivos básicos de nuestro proyecto. Por ello, las respuestas ofrecen, mediante un sistema de citas, las fuentes con las que han sido elaboradas.

Juan de la Encina

Arte de poesía
castellana

Barcelona 2024
Linkgua-ediciones.com

Créditos

Título original: Arte de poesía castellana.

© 2024, Red ediciones S.L.

e-mail: info@Linkgua-ediciones.com

Diseño de cubierta: Michel Mallard.

ISBN rústica: 978-84-9816-612-5.
ISBN ebook: 978-84-9897-914-5.

Cualquier forma de reproducción, distribución, comunicación pública o transformación de esta obra solo puede ser realizada con la autorización de sus titulares, salvo excepción prevista por la ley. Diríjase a CEDRO (Centro Español de Derechos Reprográficos, www.cedro.org) si necesita fotocopiar, escanear o hacer copias digitales de algún fragmento de esta obra.

Sumario

Brevísima presentación

Arte de la poesía es el tratado introductorio del *Cancionero* (Salamanca, 1496), formado por las primeras composiciones de Juan de la Encina. Es un texto escrito en la España del siglo XV que puede ser considerado un puente entre la poética trovadoresca y la preceptiva renacentista.

A los muy poderosos y cristianísimos príncipes don
Hernando y doña Isabel. Comienza el prohemio por Juan
del Encina en la copilación de sus obras

Prólogo

Si el mucho temor y turbación que la grandeza de vuestra
real majestad pone a los más altos ingenios y más fortale-
cidos de saber, no cobrase algún esfuerzo y aliento en la
fuente de vuestra virtud, ¿quién osaría mover la pluma para
escribir vuestro nombre?, y yo, lo con este esfuerzo muertas
obras, atrevíme a dirigir y aplicar la compilación dellas a
vuestra gran excelencia. Dicen los antiguos y fabulosos poe-
tas que Prometeo, hijo de Japeto, acostumbrado a fabricar
cuerpos humanos de barro, subió al cielo con ayuda y favor
de Minerva y trajo de una rueda del Sol un poco de fuego
con que después introducía vida y ánima en aquellos cuer-
pos. Y así yo, desta manera, viéndome con favor del duque
y duquesa de Alva, mis señores, subí a la gran altura de la
contemplación de vuestras excelencias por alcanzar siquiera
una centella de su resplandor, para poder, en mi muerta
labor y de barro, introducir espíritus vitales. Y por manda-
do de estos mis señores que no solamente ellos, mas aun el
menor de sus siervos quieren que enderece sus pensamientos
y deseos en el servicio de vuestra alteza, hallándome muy
dichoso en haberme recibido por suyo, he copilado las obras
que en este cancionero se contienen, adonde principalmente
van algunas que no con poco temor avía dedicado a vuestra
real señoría. Y, porque lo que es de César se dé a César, qui-
se primero darles la obediencia de este mi trabajo con la hu-

mildad y acatamiento que debo, suplicándoles, si algo bueno hubiere, estimando cada cosa en su estado, lo manden favorecer, y lo malo corregir, pues a los príncipes y emperadores conviene tener debajo de su imperio así malos como buenos, los malos para en ellos ejecutar la justicia y disposición de sus leyes, y los buenos para favorecerlos y gratificarlos y en ellos extender la magnificencia de sus mercedes, que si malos no hubiese, no serían estimados los buenos, porque por los unos venimos en conocimiento de los otros. Y bien creo en esta mi compilación habrá tanto de malo que lo bueno no se parezca, mas esfuerzo con esto que todas son obras hechas desde los catorce años hasta los veinticinco, adonde para lo que en mi favor no hiciere me podré bien llamar a menor de edad. Pues, invictísimos y siempre victoriosos príncipes, no neguéis vuestro favor a mis continuas vigilias porque enmudezcan todos los detractores y maldicientes. No hay cosa de tanta magnificencia ni que tan bien parezca a los príncipes como favorecer a los humildes, ayudar a los afligidos, y así defender a los menores que no sean opresos ni de los mayores maltratados. Vosotros levantáis los caídos, esentáis los apremiados y redimís los cautivos, y vivificáis a los que ya están sin esperanza de vida. De tal manera Naturaleza, por la Providencia Divina, de don especial os adornó, que todas cuantas virtudes pudo en vosotros aposentó, y aposentadas las experimentó, y experimentadas están puestas en vosotros para que a todos los otros príncipes seáis ejemplo y dechado. Regís todos vuestros reinos y señoríos con tanta prudencia, con tanta fortaleza, con tanta justicia y temperancia, que todos los que rectamente desean regir, os tienen siempre por espejo remirándose en vosotros para imitaros y seguiros, y para tomar reglas y preceptos de reinar. Todas cuantas cosas hay escritas de buen regimiento de príncipes, de tal manera las guardáis, que no hay cosa buena que los escritores hayan instituido, que vosotros no la pongáis en obra, y no obráis cosa que no esté instituida por muy buena; y aunque las tales instituciones no so hubiera, de vuestras obras mismas se pudieran muy bien colegir y sacar trasunto de vida perfecta. Si os queremos comparar a algunos príncipes pasados, hallaremos que las excelencias que cada uno dellos con gran dificultad y en diversas edades alcanzó, en vosotros cada día muy perfecta y abundosamente se ven. Leemos de Arístides, Agesilao y Trajano haber sido justos, de vosotros sabémoslo y cada día lo vemos por experiencia. De la gran clemencia de Julio César la antigüedad nos da testimonio, mas de la vuestra, que no es menor, nosotros podemos dar fe, pues continuamente gozamos della. Muy gran igualdad dicen ser la de Pompeo, mas mucho mayor se halla en vosotros y así lo sienten todos los pueblos. Alabaron los antiguos la piedad de Metelo, mas mucho más debe ser alabada la vuestra que cara a cara la contemplamos. Ensalzó la antigüedad el gran ánimo de Alexander, mas mucho más nuestros siglos con perpetuas alabanzas engrandecen el vuestro. Las historias antiguas gran testimonio dan de la disciplina militar de los emperadores griegos y romanos, mas no menos en vosotros toda España la ha experimentado. La prudencia de Temístocles, la constancia de Fabio, la continencia de Cipión, las memorias antiguas la celebraron; mas en vosotros todas estas gracias y virtudes, no solamente las oímos y vemos escritas, mas aun siempre con viva voz las cantamos. Por mucho que todo el mundo cante y pregone de vuestros loores y alabanzas, no lo toméis por lisonja que no es sino la verdad que da testimonio de sí misma. Por todo el mundo se celebra la claridad de vuestro nombre, y no solamente mandáis en vuestros señoríos y reinos, mas aun en los ajenos disponéis y cumplís vuestros deseos, en vuestra mano está cerrar y abrir las puertas de Jallo y de Mars. ¡O, cuántos y cuán grandes movimientos y discordias de guerra en los años pasados habéis amansado en España, y de cuán gran incendio librada, la habéis vuelto a verdadera paz y tranquilidad!, y no solamente habéis sido autores de paz, mas aun conservadores. En vosotros ambos maravillosamente florece todo lo que fortuna, naturaleza, o humana diligencia tiene por principal. Alcanzasteis lo que todos los mortales han por muy grave de alcanzar. Alcanzasteis mucha gracia con mucha gloria, y lo que más es y cuasi increíble, que habéis sobrepujado y vencido las envidias con vuestra firme virtud. Estas cosas todas y otras muchas infinitas que a todo el mundo son muy notorias, seguramente las puedo contar, aunque, cierto, de mi mano muy más pobladas irán de fe que de elocuencia; y perdone vuestra real majestad, pues donde las fuerzas del sentido desfallecen, la fe basta para suplir los defectos.

Capítulo I. Al muy esclarecido y bienaventurado príncipe don Juan. Comienza el proemio en una Arte de Poesía castellana compuesta por Juan del Encina

Cuán ligero y penetrable fuese el ingenio de los antiguos Y cuán enemigos de la ociosidad, muy esclarecido príncipe, notorio es a vuestra alteza, como cuenta Cicerón de Africano el mayor, que decía nunca estar menos ocioso que cuando estaba ocioso ni menos solo que cuando solo, dando a entender que nunca holgaba su juicio. Y según sentencia de aquel Catón censorino, no solamente son obligados los hombres que viven según razón a dar cuenta de sus negocios, mas aun tan bien del tiempo de su ocio, cuanto mas los que fuimos dichosos de alcanzar a ser súbitos y vivir debajo de tan poderosos y cristianísimos príncipes, que así artes bélicas como de paz están ya tan puestas en perfección en estos reinos por su buena gobernación, que, quien piensa las cosas que por armas se han acabado, no parece haber quedado tiempo de pacificarlas como hoy están. Ya no nos falta de buscar sino escoger en qué gastemos el tiempo, pues lo tenemos cual lo deseamos, que puede ser en el ocio más alegre y más propio de humanidad, como Tulio dice, que sermón gracioso y pulido; y pues entre las otras cosas en que excedemos a los animales brutos es una de las principales, que hablando podemos exprimir lo que sentimos, ¿quién no trabajará por exceder a otro en aquello que los hombres exceden a los animales? Bien parece vuestra real excelencia haber leído aquello que Ciro usaba decir: «Cosa torpe es imperar el que no excede a sus súbitos en todo género de virtud»; y vuestra muy alta señoría que tiene tal dechado de que sacar mirando a las excelencias y virtudes de sus clarísimos padres, bien lo pone por la obra, pues dejados los primeros rudimentos y cunábulos, entre sus claras victorias se ha criado en el gremio de la dulce filosofía, favoreciendo los ingenios de sus súbitos, incitándolos a la ciencia con ejemplo de sí mismo. Así que, mirando todas estas cosas, acordé de hacer un Arte de poesía castellana, por donde se pueda mejor sentir lo bien o mal trovado, y para enseñar a trovar en nuestra lengua, si enseñar se puede, porque es muy gentil ejercicio en el tiempo de ociosidad. Y confiando en la virtud de vuestra real majestad, atrevíme a dedicar esta obra a su excelente ingenio, donde ya florecen los remos de la sabiduría, para si fuere servido, estando desocupado de sus arduos negocios, ejercitarse en cosas poéticas y trovadas en nuestro castellano estilo, porque lo que ya su vivo juicio por natural razón conoce, lo pueda ver puesto en arte, según lo que mi flaco saber alcanza; no porque crea que los poetas y trovadores se hayan de regir por ella, siendo yo el menor dellos, mas por no ser ingratoso a esta facultad si algún nombre me ha dado, o si merezco tener siquiera el más bajo lugar entre los poetas de nuestra nación. Y así mismo porque según dice el doctísimo maestro Antonio de Lebrija, aquél que desterró de nuestra España los barbarismos que en la lengua latina se habían criado, una de las que le movieron a hacer Arte de romance fue que creía nuestra lengua estar agora más empinada y pulida que jamás estuvo, de donde más se podía temer el descendimiento que la subida. Y así yo, por esta misma razón, creyendo nunca haber estado tan puesta en la cumbre nuestra poesía y manera de trovar, parecióme ser cosa muy provechosa ponerla en arte y encerrarla debajo de ciertas leyes y reglas, porque ninguna antigüedad de tiempos le pueda traer olvido. Y digo estar agora puesta en la cumbre, a lo menos cuanto a las observaciones, que no dudo nuestros antecesores haber escrito cosas más dinas de memoria, porque allende de tener más vivos ingenios, llegaron primero y aposentáronse en las mejores razones y sentencias; y si algo de bueno nosotros decimos, dellos lo tomamos, que cuando más procuramos huir de lo que ellos dijeron, entonces vamos a caer en ello, por lo quel será forzado cerrar la boca o hablar por boca de otro, que según dice un común proverbio: «No hay cosa que no estén dicha», y bien creo haber otros que primero que yo tomasen este trabajo y más copiosamente, mas es cierto que a mí noticia no ha llegado, salvo aquello que el notable maestro de Lebrija en su Arte de romance acerca desta facultad muy perfectamente puso. Mas yo no entiendo entrar en tan estrecha cuenta, lo uno por la falta de mi saber, y lo otro porque no quiero tocar más de lo que a nuestra lengua satisface, y algo de lo que toca a la dignidad de la poesía, que no en poca estima y veneración era tenida entre los antiguos, pues el exordio y invención della fue referido a sus dioses, así como Apolo, Mercurio y Baco, y a las musas, según parece por las invocaciones de los antiguos poetas, de donde nosotros las tomamos, no porque creamos como ellos ni los tengamos por dioses invocándolos, que sería grandísimo error y herejía, mas por seguir su gala y orden poética, que es haber de proponer, invocar y narrar o contar en las ficciones graves y arduas, de tal manera que siendo ficción la obra, es mucha razón que no menos sea fingida y no verdadera la invocación della. Mas cuando hacemos alguna obra principal de devoción o que toque a nuestra fe, invocamos al que es la misma verdad o a su Madre preciosa o a algunos santos que sean intercesores y medianeros para alcanzamos la gracia. Hallamos eso mismo acerca de los antiguos, que sus oráculos y vaticinaciones se daban en versos, y de aquí vino los poetas llamarse vates, así como hombres que cantan las cosas divinas, y no solamente la poesía tuvo esta preeminencia en la vana gentilidad, mas aun muchos libros del Testamento Viejo, según da testimonio san Jerónimo, fueron escritos en metro en aquella lengua hebraica, la cual, según nuestros doctores, fue más antigua que la de los griegos, porque no se hallará escritura griega tan antigua como los cinco libros de Moisés; y no menos en Grecia que fue la madre de las liberales artes, podemos creer la poesía ser más antigua que la oratoria. Cuanto al efecto de la poesía, quiérome contentar con dos ejemplos que escribe Justino en su Epitoma, porque si hubiese de contar todas las alabanzas y efectos della, por larga que fuese la vida antes faltaría el tiempo que la materia; y es el primero ejemplo que como entre los atenienses y megarenses se recibiesen grandes daños de una parte a la otra, sobre la posesión de la isla Salamina, fatigados ambos pueblos de las continuas muertes, comenzaron así, los unos como los otros, a poner pena capital entre sí a cualquiera que hiciese mención de tal demanda. Solón, legislador de Atenas, viendo el daño de su república, simulándose loco salió delante todo el pueblo y amonestándolo en versos le movió de tal manera que no se dilató más la guerra, de la cual consiguieron victoria. El segundo ejemplo es que teniendo los lacedemonios guerra con los mesenios fueles dicho por sus oráculos que no podían vencer sin capitán ateniense, y los atenienses, en menosprecio, enviáronles un poeta cojo, llamado Tirteo, para que lo tomasen por capitán. Los lacedemonios muy fatigados con los daños recibidos, se volvían a su tierra, más con mengua que con honra, a los cuales el poeta Tirteo, con la fuerza de sus versos de tal manera inflamó, que olvidados de sus propias vidas mudaron el propósito y, volviendo, quedaron victoriosos. Y no en vano cantaron los poetas que Orfeo ablandaba las piedras con sus dulces versos, pues que la suavidad de la poesía enternecía los duros corazones de los tiranos, como parece por una epístola de Falaris, tirano famoso en crueldad, que no por otra cosa otorgó la vida a Estesícoro, poeta, salvo porque hacía graciosos versos, y Pisístrato, tirano de Atenas, no halló otro camino para echar de sí el odio de la tiranía y gratificarse con el pueblo, salvo mandando buscar los versos de Homero, propuesto premio a quien los pusiese por orden. Pues ¿qué diré en nuestra religión cristiana cuánto conmueven a devoción los devotos y dulces himnos, cuyos autores fueron Hilario, Ambrosio y otros muy prudentes y santísimos varones?; y santo Agustino escribió seis libros desta facultad intitulados Música, para descanso de otros más graves estudios, en los cuales seis libros trata de los géneros de versos y de cuántos pies consta cada verso, y cada pie de cuántas sílabas. Suficientemente creo haber probado la autoridad y antigüedad de la poesía y en cuánta estima fue tenida acerca de los antiguos y de los nuestros, aunque algunos hay que, queriendo parecer graves y severos, malignamente la destierran de entre los humanos como ciencia ociosa, volviendo a la facultad la culpa de aquellos que mal usan della, a los cuales debía bastar, para convencer su error, la multitud de poetas que florecieron en Grecia y en Roma, que, cierto, si no fuera facultad honesta, no creo que Sófocles alcanzara magistrados, preturas y capitanías en Atenas, madre de las ciencias de humanidad. Mas dejados éstos con su livor y malicia, bienaventurado príncipe, suplico a vuestra real señoría para en tiempo de ocio reciba este pequeño servicio por muestra de mi deseo.

Sentencia es muy averiguada entre los poetas latinos ser por vicio reputado el acabar de los versos en consonantes y en semejanza de palabras, aunque algunas veces hallamos los poetas de mucha autoridad, con el atrevimiento de su saber, haber usado y puesto por gala aquello que a otros fuera condenación de su fama, como parece por Virgilio en el epigrama que dice «Sic vos non vobis», etc. Mas los santos y prudentes varones que compusieron los himnos en nuestra cristiana religión, escogieron por bueno lo que acerca de los poetas era tenido por malo, que gran parte de los himnos van compuestos por consonantes y encerrados debajo de cierto número de sílabas; y no sin causa estos sabios y doctísimos varones en este ejercicio se ocuparon, porque bien mirado, estando el sentido repartido entre la letra y el canto, muy mejor puede sentir y acordarse de lo que va cantando por consonantes que en otra manera, porque no hay cosa que más a la memoria nos traiga lo pasado que la semejanza dello. De aquí creo haber venido nuestra manera de trovar, aunque no dudo que en Italia floreciese primero que en nuestra España y de allí descendiese a nosotros; porque si bien queremos considerar, según sentencia de Virgilio, allí fue el solar del linaje latino, y cuando Roma se enseñoreó de aquesta tierra, no solamente recibimos sus leyes y constituciones, mas aun el romance, según su nombre da testimonio, que no es otra cosa nuestra lengua sino latín corrompido. Pues, ¿por qué no confesaremos aquello que del latín desciende, haberlo recibido de quien la lengua latina y el romance recibimos?, cuanto más que claramente parece, en la lengua italiana haber habido muy más antiguos poetas que en la nuestra, así como el Dante y Francisco Petrarca y otros notables varones que fueron antes y después, de donde muchos de los nuestros hurtaron gran copia de singulares sentencias, el cual hurto, como dice Virgilio, no debe ser vituperado, mas digno de mucho loor, cuando de una lengua en otra se sabe galanamente cometer. Y si queremos argüir de la etimología del vocablo, si bien miramos, trovar, vocablo italiano es, que no quiere decir otra cosa trovar, en lengua italiana, sino hallar; pues, ¿qué cosa es trovar, en nuestra lengua, sino hallar sentencias y razones y consonantes y pies de cierta medida adonde las incluir y encerrar? así que, concluyamos luego el trovar haber cobrado sus fuerzas en Italia, y de allí esparcídolas por nuestra España, adonde creo que ya florece más que en otra ninguna parte.

Capítulo II. De cómo consiste en arte la poesía y el trovar

Aunque otra cosa no respondiésemos para probar que la poesía consiste en arte, bastaba el juicio de los clarísimos autores que intitularon de arte poética los libros que desta facultad escribieron, y ¿quién será tan fuera de razón, que llamándose arte el oficio de tejer o herrería, o hacer vasijas de barro o cosas semejantes, piense la poesía y el trovar haber venido sin arte en tanta dignidad? Bien sé que muchos contenderán para en esta facultad ninguna otra cosa requerirse, salvo el buen natural, y concedo ser esto lo principal y el fundamento; mas tan bien afirmo pulirse y alindarse mucho con las observaciones del arte, que si al buen ingenio no se juntase el arte, sería como una tierra fructífera y no labrada. Conviene luego confesar desta facultad lo que Cicerón en el De perfeto oratore, y lo que los profesiones de gramática suelen hacer en la definición della, y lo que creo ser de todas las otras artes, que no son sino observaciones sacadas de la flor del uso de varones doctísimos, y reducidas en reglas y preceptos, porque según dicen los que hablaron del arte, todas las artes conviene que tengan cierta materia, y algunos afirman la oratoria no tener cierta materia, a los cuales convence Quintiliano diciendo que el fin del orador o retórico es decir cosas, aunque algunas veces no verdaderas, pero verisímiles, y lo último es persuadir y demulcir el oído. Y si esto es común a la poesía con la oratoria o retórica, queda lo principal, conviene a saber, ir incluido en números ciertos, para lo cual el que no discutiere los autores y preceptos, es imposible que no le engañe el oído, porque según doctrina de Boecio en el libro de música, muchas veces nos engañan los sentidos; por tanto, debemos dar mayor crédito a la razón. Comoquiera que, según nos demuestra Tulio y Quintiliano, números hay que debe seguir el orador, y huir otros, mas esto ha de ser más disimuladamente y no tiene de ir astrito a ellos como el poeta que no es éste su fin.

Capítulo III. De la diferencia que hay entre poeta y trovador

Según es común uso de hablar en nuestra lengua, al trovador llaman poeta y al poeta trovador, ora guarde la ley de los metros ora no; mas a mí me parece que quanta diferencia hay entre músico y cantor, entre geómetra y pedrero, tanta debe haber entre poeta y trovador. Quanta diferencia aya del músico al cantor y del geómetra al pedrero, Boecio nos lo enseña, que el músico contempla en la especulación de la música, y el cantor es oficial della. Esto mismo es entre el geómetra y pedrero y poeta y trovador, porque el poeta contempla en los géneros de los versos, y de cuántos pies consta cada verso, y el pie de cuántas sílabas, y aún no se contenta con esto, sin examinar la cantidad dellas. Contempla, eso mismo, qué cosa sea consonante s y asonante, y cuando pasa una sílaba por dos, y dos sílabas por una, y otras muchas cosas de las cuales en su lugar adelante trataremos. así que, cuánta diferencia hay de señor a esclavo, de capitán a hombre de armas sujeto a su capitanía, tanta a mi ver hay de trovador a poeta; mas pues estos dos nombres sin ninguna diferencia entre los de nuestra nación confundimos, mucha razón es que quien quisiere gozar del nombre de poeta o trovador, aya de tener todas estas cosas. ¡O, cuántos vemos en nuestra España estar en reputación de trovadores, que no se les da más por echar una sílaba y dos demasiadas que de menos, ni se curan que sea buen consonante que malo!; y pues se ponen a hacer en metro, deben mirar y saber que metro no quiere decir otra cosa sino mensura, de manera que lo que no lleva cierta mensura y medida, no debemos decir que va en metro, ni el que lo hace debe gozar de nombre de poeta ni trovador.

Capítulo IV. De lo principal que se requiere para aprender a trovar

En lo primero amonestamos a los que carecen de ingenio y son más aptos para otros estudios y ejercicios, que no gasten su tiempo en vano leyendo nuestros preceptos, pudiéndolo emplear en otra cosa que les sea más natural, y tomen por sí aquel dicho de Quintiliano, en el primero de sus Instituciones, que ninguna cosa aprovechan las artes y preceptos, adonde fallece natura, que a quien ingenio falta, no le aprovecha más esta arte que preceptos de agricultura a tierras estériles. De aqueste género de hombres habrá muchos que reprehenderán esta obra, unos que no la entenderán, otros que no sabrán usar della, a los cuales respondo con un dicho de santo Agustino, en el primero de doctrina cristiana, diciendo que si yo con mi dedo mostrase a uno alguna estrella, y él tuviese tan debilitados los ojos que ni viese el dedo ni la estrella, no por eso me debía culpar, y eso mismo si viese el dedo y no la estrella, debía culpar el defecto de su vista y no a mí. así que, aqueste nuestro poeta que establecemos instituir, en lo primero venga dotado de buen ingenio; y porque creo que para los medianamente enseñados está la verdad más clara que la luz, si hubiere algunos tan bárbaros que persistan en su pertinacia, dejados como incurables, nuestra exhortación se enderece a los mancebos estudiosos, cuyas orejas las dulces musas tienen conciliadas. Es menester, allende desto, que el tal poeta no menosprecie la elocución, que consiste en hablar puramente, elegante y alto cuando fuere menester, según la materia lo requiere, los cuales preceptos porque son comunes a los oradores y poetas, no los esperen de mí, que no es mi intención hablar, salvo de solo aquello que es propio del poeta. Mas, para cuanto a la elocución, mucho aprovecha, según es doctrina de Quintiliano, criarse desde la tierna niñez adonde hablen muy bien, porque como nos enseña Oracio, cualquiera vasija de barro guarda para siempre aquel olor que recibió cuando nueva. Y después desto debe ejercitarse en leer no solamente poetas y historias en nuestra lengua, mas tan bien en lengua latina; y no solamente leerlos como dice Quintiliano, mas discutirlos en los estilos y sentencias y en las licencias, que no leerá cosa el poeta en ninguna facultad de que no se aproveche para la copia que le es muy necesaria, principalmente en obra larga.

Capítulo V. De la mensura y examinación de los pies y de las maneras de trovar

Toda la fuerza del trovar está en saber hacer y conocer los pies, porque dellos se hacen las coplas y por ellos se miden; y pues así es, sepamos qué cosa es pie. Pie no es otra cosa en el trovar sino un ayuntamiento de cierto número de sílabas, y llámase pie porque por él se mide todo lo que trovamos y sobre los tales pies corre y roda el sonido de la copla. Mas para que mejor vengamos en el verdadero conocimiento, debemos considerar que los latinos llaman verso a lo que nosotros llamamos pie, y nosotros podremos llamar verso adondequiera que hay ayuntamiento de pies que comúnmente llamamos copla, que quiere decir cópula o ayuntamiento. Y bien podemos decir que en una copla aya dos versos, así como si es de ocho pies y va de cuatro en cuatro son dos versos, o si es de nueve, el un verso es de cinco y el otro de cuatro, y si es de diez puede ser el un verso de cinco y el otro de otros cinco, y así por esta manera podemos poner otros ejemplos infinitos. Hay en nuestro vulgar castellano dos géneros de versos o coplas, el uno cuando el pie consta de ocho sílabas o su equivalencia, que se llama arte real, y el otro se compone de doce o su equivalencia, que se llama arte mayor, digo su equivalencia porque bien puede ser que tenga más o menos en cantidad, mas en valor es imposible para ser el pie perfecto. Y bien parece nosotros haber tomado del latín el trovar, pues en él se hallan estos dos géneros antiguamente, de ocho sílabas así como «Jam lucis orto sidere», de doce así como «Mecenas atavis edite regibus», así que cuando el pie no tuviere más de ocho sílabas llamarle hemos de arte real, como lo que dijo Juan de Mena: «Después quel pintor del mundo», y si fuere de doce ya sabremos ques de arte mayor, así como el mismo Juan de Mena en las Trescientas: «Al muy prepotente don Juan el segundo». Dije que podían, a las veces, llevar más o menos sílabas los pies, entiéndese aquello en cantidad o contando cada una por sí, mas en el valor o pronunciación ni son más ni menos. Pueden ser más en cantidad cuando una dicción acaba en vocal y la otra que se sigue tan bien en el mismo pie comienza en vocal, que, aunque son dos sílabas, no valen sino por una, ni tardamos más tiempo en pronunciar ambas que una, así como dice Juan de Mena: «Paró nuestra vida ufana». Habemos tan bien de mirar que cuando entre la una vocal y la otra estuviere la h, que es aspiración, entonces, a las veces acontece que pasan por dos y a las veces por una, y juzgarlo hemos según el común uso de hablar o según viéremos que el pie lo requiere, y esto tan bien habrá lugar en las dos vocales sin aspiración. Tan bien pueden ser más cuando las dos sílabas postreras del pie son ambas breves, que entonces no valen ambas sino por una; mas es en tanto grado nuestro común acentuar en la penúltima sílaba, que muchas veces cuando aquellas dos sílabas del cabo vienen breves, hacemos luenga la que está antes de la postrera, así como en otro pie dice: «De la viuda Penélope». Puede tan bien, al contrario, ser menos de ocho y den doce cuando la última es luenga, que entonces vale por dos y tanto tardamos en pronunciar aquella sílaba como dos, de manera que pasarán siete por ocho, como dijo frey Iñigo: «Aclara Sol divinal». Mas, porque en el arte mayor los pies son intercisos, que se pueden partir por medio, no solamente puede pasar una sílaba por dos cuando la postrera es luenga, mas tan bien, si la primera o la postrera fuera luenga, así del un medio pie como del otro, que cada una valdrá por dos. Hay otro género de trovar que resulta de los sobredichos que se llama pie quebrado, que es medio pie, así de arte real como de mayor; del arte real son cuatro sílabas o su equivalencia y éste suélese trovar, el pie quebrado mezclado con los enteros, y a las veces pasan cinco sílabas por medio pie y entonces decimos que va la una perdida, así como dijo don Jorge: «como debemos». En el arte mayor, cuando se parten los pies y van quebrados, nunca suelen mezclarse con los enteros, mas antes todos son quebrados, según parece por muchos villancicos que hay de aquesta arte trovados.

Capítulo VI. De los consonantes y asonantes y de la examinación dellos

Después de haber visto y conocido la mensura y examinación de los pies, resta conocer los consonantes y asonantes, los cuales siempre se aposentan y hacinan en el cabo de cada pie y son principales miembros y partes del mismo pie; y porque el propio acento de nuestra lengua comúnmente es en la penúltima sílaba, allí debemos buscar y examinar los consonantes y asonantes. Consonante se llama todas aquellas letras o sílabas que se ponen desde donde está el postrer acento agudo o alto hasta el fin del pie, así como si el un pie acabase en esta dicción: «vida», y el otro acabase en otra dicción que dijese: «despedida», entonces diremos que desde la «i», donde está el acento largo, hasta el cabo es consonante, y por eso se llama consonante, porque ha de consonar el un pie con el otro con las mismas letras desde aquel acento agudo o alto que es aquella «i». Mas cuando el pie acaba en una sílaba luenga que vale por dos, entonces contamos aquella sola por última y penúltima y desde aquella vocal donde está el postrer acento largo, desde allí ha de consonar un pie con otro con las mismas letras, así como si el un pie acaba en «corazón», y el otro en «pasión», desde aquel «ón», que vale por dos sílabas, decimos que es el consonante. Y si acabase el pie en dos sílabas breves y estuviese el acento agudo en la antepenúltima, entonces diremos que el consonante es desde aquella antepenúltima, porque las dos postreras, que son breves, no valen sino por una, de manera que todo se sale a un cuento, así como si el pie acabase en «quiéreme», y el otro en «hiéreme», entonces desde la «e» primera adonde está el acento alto es consonante que ha de consonar con las mismas letras. Hay tan bien otros que se llaman asonantes, y cuéntanse por los mismos acentos de los consonantes, mas difiere el un asonante del otro en alguna letra de las consonantes, que no de las vocales; y llámase asonante porque es a semejanza del consonante, aunque no con todas las mismas letras, así como Juan de Mena dijo en la Coronación, que acabó un pie en «proverbios», y otro en «soberbios», adonde pasa una v por una b, y esto suélese hacer en defecto de consonante, aunque b por v, y v por b muy usado está, porque tienen gran hermandad entre sí, así como si decimos viva y reciba, y otros muchos ejemplos pudiéramos traer, mas dejémoslos por evitar prolijidad. Y allende desto, habémonos de guardar que no pongamos un consonante dos veces en una copla, y aun si ser pudiere no lo debemos repetir hasta que paseen veinte coplas, salvo si fuere obra larga, que entonces podrémoslo tornar a repetir a tercera copla o dende adelante habiendo necesidad; y cualquiera copla se ha de hacer de diversos consonantes, dando a cada pie compañero o compañeros, porque si fuesen todos los pies de unos consonantes parecería muy mal. Y habemos de notar que sílabas breves en el romance llamamos todas las que tienen el acento bajo, y luengas o agudas se dicen las que tienen alto el acento, aunque en el latín no vayan por esta cuenta.

Capítulo VII. De los versos y coplas y de su diversidad

Según ya dijimos arriba, debemos mirar que de los pies se hacen los versos y coplas; mas porque algunos querrán saber de cuántos pies han de ser, digamos algo dello brevemente. Muchas veces vemos que algunos hacen solo un pie y aquél ni es verso ni copla porque avían de ser pies y no solo un pie, ni hay allí consonante, pues que no tiene compañero, y aquel tal suélese llamar mote; y si tiene dos pies llamámosle tan bien mote o villancico, o letra de alguna invención por la mayor parte; si tiene tres pies enteros o el uno quebrado tan bien será villancico o letra de invención, y entonces el un pie ha de quedar sin consonante, según más común uso; y algunos hay del tiempo antiguo de dos pies y de tres que no van en consonante, porque entonces no guardaban tan estrechamente las observaciones del trovar. Y si es de cuatro pies puede ser canción y ya se puede llamar copla, y aun los romances suelen ir de cuatro en cuatro pies, aunque no van en consonante sino el segundo y el cuarto pie y aun los del tiempo viejo no van por verdaderos consonantes. Y todas estas cosas suelen ser de arte real, que el arte mayor es más propia para cosas graves y arduas; y de cinco pies tan bien hay canciones y de seis; y puédense llamar versos y coplas y hacer tantas diversidades cuantas maneras hubiere de trocarse los pies; mas desde seis pies arriba por la mayor parte suelen tornar a hacer otro ayuntamiento de pies, de manera que serán dos versos en una copla, y comúnmente no sube ninguna copla de doce pies arriba porque parecería desvariada cosa, salvo los romances, que no tienen número cierto.

Capítulo VIII. De las licencias y colores poéticos y de algunas galas del trovar

De muchas licencias y figuras pueden usar los poetas por razón del metro y por la necesidad de los consonantes; mayormente en el latín hay figuras infinitas y algunas dellas han pasado en el uso de nuestro castellano trovar, de las cuales no haremos mención más de cuanto a nuestro propósito satisface. Tiene el poeta y trovador licencia para acortar y sincopar cualquiera parte o dicción, así como Juan de Mena en una copla que dijo: «El hi de María», por decir: el hijo de María, y en otra parte dijo: «que nol pertenece», por decir: que no le pertenece, y en otra dijo: «agenores», por agenórides; puede así mismo corromper y extender el vocablo, así como el mismo Juan de Mena en otra copla que dijo «Cadino», por Cadmo, y los lagos «Metroes», por Meótides, y puede tan bien mudarle el acento, así como en otro lugar donde dice «platanos», por plátanos, y en otro: «Penolope», por Penolopé; tiene tan bien licencia para escribir un lugar por otro, como Juan de Mena que puso una Tebas por otra, y puede tan bien poner una persona por otra, y un nombre por otro, y la parte por el todo y el todo por la parte. Otras muchas más figuras y licencias pudiéramos contar, mas porque los modernos gozan de la brevedad, contentémonos con éstas, las cuales no debemos usar muy a menudo pues que la necesidad principalmente fue causa de su invención, aunque verdad sea que muchas cosas al principio la necesidad ha introducido que después el uso las ha aprobado por gala, así como los trajes, las casas y otras infinitas cosas que serían muy largas de contar. Hay tan bien mucha diversidad de galas en el trovar, especialmente de cuatro o cinco principales debemos hacer fiesta: hay una gala de trovar que se llama encadenado que en el consonante que acaba el un pie en aquél comienza el otro, así como una copla que dice:

«Soy contento ser cautivo
cautivo en vuestro poder
poder dichoso ser vivo
vivo con mi mal esquivo
esquivo no de querer», etc.

Hay otra gala de trovar que se llama retrocado, que es cuando las razones se retruecan, como una copla que dice:

«Contentaros y serviros
serviros y contentaros», etc.

Hay otra gala que se dice redoblado, que es cuando se redoblan las palabras, así como una canción que dice:

«No quiero querer querer
sin sentir sentir sufrir
por poder poder saber», etc.

Hay otra gala que se llama multiplicado, que es cuando en un pie van muchos consonantes, así como en una copla que dice:

«Desear gozar amar
con amor dolor temor», etc.

Hay otra gala de trovar que llamamos reiterado, que es tornar cada pie sobre una palabra, así como una copla que dice:

«Mirad cuán mal lo miráis
mirad cuán penado vivo
mirad cuánto mal recibo», etc.

Estas y otras muchas galas hay en nuestro castellano trovar, mas no las debemos usar muy a menudo, que el guisado con mucha miel no es bueno sin algún sabor de vinagre.

Capítulo IX y final. De cómo se deben escribir y leer las coplas

Débense escribir las coplas de manera que cada pie vaya en su renglón, ora sea de arte real ora de arte mayor, ora sea de pie quebrado ora de entero, y si en la copla hubiere dos usos, así como si es de siete y los cuatro pies son un uso y los tres otro, o si es de ocho y los cuatro son un uso y los otros cuatro otro, o si es de nueve y los cinco son un verso y los cuatro otro, etc., siempre entre uso y uso se ponga coma: que son dos puntos uno sobre otro, y en fin de la copia hase de poner colum que es un punto solo, y en los nombres propios que no son muy conocidos o en las palabras que pueden tener dos acentos, debemos poner sobre la vocal adonde se hace el acento luengo un ápice, que es un rasguito como el de la «i», así como en ámo cuando yo ámo, y amó cuando otro amó, y hanse de leer de manera que entre pie y pie se pare un poquito sin cobrar aliento, y entre verso y verso parar un poquito más, y entre copla y copla un poco más para tomar aliento.

Libros a la carta

A la carta es un servicio especializado para
empresas,
librerías,
bibliotecas,
editoriales
y centros de enseñanza;
y permite confeccionar libros que, por su formato y concepción, sirven a los propósitos más específicos de estas instituciones.

Las empresas nos encargan ediciones personalizadas para marketing editorial o para regalos institucionales. Y los interesados solicitan, a título personal, ediciones antiguas, o no disponibles en el mercado; y las acompañan con notas y comentarios críticos.

Las ediciones tienen como apoyo un libro de estilo con todo tipo de referencias sobre los criterios de tratamiento tipográfico aplicados a nuestros libros que puede ser consultado en Linkgua-ediciones.com.

Linkgua edita por encargo diferentes versiones de una misma obra con distintos tratamientos ortotipográficos (actualizaciones de carácter divulgativo de un clásico, o versiones estrictamente fieles a la edición original de referencia).

Este servicio de ediciones a la carta le permitirá, si usted se dedica a la enseñanza, tener una forma de hacer pública su interpretación de un texto y, sobre una versión digitalizada «base», usted podrá introducir interpretaciones del texto fuente. Es un tópico que los profesores denuncien en clase los desmanes de una edición, o vayan comentando errores de interpretación de un texto y esta es una solución útil a esa necesidad del mundo académico.

Asimismo publicamos de manera sistemática, en un mismo catálogo, tesis doctorales y actas de congresos académicos, que son distribuidas a través de nuestra Web.

El servicio de «libros a la carta» funciona de dos formas.

1. Tenemos un fondo de libros digitalizados que usted puede personalizar en tiradas de al menos cinco ejemplares. Estas personalizaciones pueden ser de todo tipo: añadir notas de clase para uso de un grupo de estudiantes, introducir logos corporativos para uso con fines de marketing empresarial, etc. etc.

2. Buscamos libros descatalogados de otras editoriales y los reeditamos en tiradas cortas a petición de un cliente.

www.ingramcontent.com/pod-product-compliance
Lightning Source LLC
Chambersburg PA
CBHW020442030426
42337CB00014B/1355